찬란한 백제의 발자취
백제역사유적지구

정재윤

공주대학교에서 사학과 교수로 재직하고 있습니다. 독립기념관에서 전시·자료 팀장을 맡았고, 이후 공주대학교 백제문화연구소에서 백제문화연구소장을 지냈습니다. 백제 역사 연구를 위해 많은 힘을 쓰며 백제학회 회장, 백제역사유적지구 등재 추진 연구위원, 문화재청 문화재위원으로도 활동하였습니다. 현재 호서사학회 부회장과 백제문화제추진위원회 자문위원을 맡고 있습니다.

송혜선

아름다운 이야기에 제 그림이 녹아들어 더 깊고 풍부해지기를 바라며 서울 어딘가에서 그림을 그리고 있습니다. 좋은 이야기는 늘 저에게 설렘과 영감을 줍니다. 백제 이야기 또한 설렘 가득한 마음으로 직접 그곳을 찾아가 보고 우리의 아름다운 문화유산을 진심으로 들여다 보는 시간이 되었습니다. 부디 저의 이 즐거운 시간이 보태져 어린이들이 백제 문화를 풍부하게 느낄 수 있기를 바랍니다. 그림책으로는『하느님은 목욕을 좋아해』『과자를 만드는 집』『우렁각시』『필리핀사람이 어때서』『거짓말 경연대회』『한걸음 더 들어가는 콩』『그래서 슬펐어?』『익환이와 개성 친구들』『일기의 마지막 한 줄』등이 있습니다.

찬란한 백제의 발자취 백제역사유적지구

정재윤 글, 송혜선 그림

처음 찍은 날 2019년 11월 15일 | 처음 펴낸 날 2019년 11월 22일 | 펴낸이 김덕균 | 펴낸곳 오픈키드(주)열린어린이
만든이 조수연 | 꾸민이 한승란 | 관리 권문혁 | 출판신고 제 2014-000075호
주소 서울시 마포구 월드컵북로5가길 17 3층 | 전화 02) 326-1284 | 전송 02) 325-9941 | 전자우편 contents@openkid.co.kr

ⓒ 정재윤, 송혜선 2019

ISBN 979-11-5676-113-6 74600 979-11-5676-058-0 (세트)
값 12,000원

* 이 책은 저작권법에 따라 보호받는 저작물이므로 무단 전재와 복제를 금하며,
  이 책 내용의 전부 또는 일부를 재사용하려면 반드시 열린어린이의 서면 동의를 받아야 합니다.

찬란한 백제의 발자취
백제역사유적지구

정재윤 글 | 송혜선 그림

열린어린이

백제역사유적지구는 2015년에 유네스코 세계유산으로 등재되었어요.
백제가 이루었던 문화가 뛰어나다는 점을 높이 평가할 뿐 아니라
고대 동아시아에서 문물이 오갔던 역사를 알 수 있어 선정되었어요.
왕이 살았던 수도나 문화 교류 흔적이 남아 있는
8개의 유적들이 백제역사유적지구로 지정되었습니다.
지금의 공주, 부여, 익산 지역에 그 유적들이 있어요.

백제의 첫 수도는 한성이었어요.
하지만 475년 고구려가 쳐들어와 백제는 한성을 빼앗겼어요.
문주왕은 나라를 지키기 좋은 땅으로 수도를 옮겼지요.
지금의 공주 지역인 웅진은
금강이 흐르고 사방이 산으로 둘러싸이고 교통도 좋았어요.

대부분 나라의 왕궁터는 평지에 있지만
백제 왕은 금강이 흐르고 산으로 둘러싸여 나라를 지키기 알맞은
산성 안에 왕궁을 짓고 웅진성이라 하였지요.
훗날 웅진성은 공산성으로 이름을 바꿉니다.
공산성에서는 기와와 수막새, 우물, 연못, 저장 창고, 도로 등이 발견되어서
백제 문화를 제대로 아는 데 큰 도움을 주었습니다.

공산성의 서쪽에 있는 송산에는 현재 7개의 무덤이 남아 있습니다.
그것을 송산리고분군이라 부릅니다.
왕릉을 하나만 단독으로 만드는 중국이나 일본과는 다르게
송산리고분군은 무리지어 만들어진 것이 특징입니다.
이 중에 삼국 시대 왕 가운데 유일하게
주인을 알 수 있는 무령왕릉이 있습니다.

송산리고분군의 다른 무덤은 굴식돌방무덤이지만
무령왕릉과 6호분은 독특하게 벽돌무덤입니다.
벽돌무덤은 중국의 영향을 받은 것이지요.
무령왕릉에서는 중국에서 만든 도자기,
일본에서 만든 금송 관, 동남아시아의 유리구슬도 나왔습니다.
국제 교류의 흔적뿐 아니라 백제 문화의 창조성을 보여 주지요.

나라의 힘을 키운 백제는 538년에
지금의 부여인 사비로 수도를 다시 옮깁니다.
웅진은 방어하기에는 좋았지만 평지가 적어 수도로 좁았지요.
사비는 넓은 들이 있는 곳이고
백마강이 있어 중국과 교류하기에 더 쉬웠어요.
수도 사비에서 백제는 정치, 사회, 문화의 발전을 이룹니다.
불교를 장려하여 훌륭한 불교 문화를 이룩했답니다.
백제의 불교는 일본 불교에도 큰 영향을 주었어요.

부여에 있는 관북리유적과 부소산성에서는
'수부(首府)' 글자가 찍힌 기와가 나왔어요.
수부는 왕이 사는 성이라는 뜻으로 백제의 중심이었음을 말해 주지요.
평지에 있는 관북리유적에서는
2층의 큰 건물터와 기와, 연못, 저장 시설과 하수 시설이 발견되었어요.

부소산성은 백마강이 훤히 보이는 곳에 자리합니다.
위급할 때 왕이 피난하는 산성이기도 했던 부소산성에는
왕이 이용했다는 절터와 건물터, 문터가 있습니다.
관북리유적과 부소산성은 왕궁터와 백제 왕성의 완성된 형태를
보여 주기 때문에 세계유산이 되었답니다.

임금이 사는 수도를 도성이라고 하지요.
도성은 왕이 머무는 궁전과 수도를 둘러싸고 보호하는 외곽성까지 포함합니다.
나성이 바로 외곽성이지요.
나성은 수도를 보호하는 동시에
수도와 수도가 아닌 곳을 구분하는 역할을 했습니다.

외곽성을 갖춘 도성은 중국과 일본에도 있지만
나성은 동아시아 도성 유적 가운데
그 모습이 완벽하게 남아 있는 유일한 유적입니다.
판축법이라는 뛰어난 토목 기술로 견고하게 지었기 때문이지요.
부소산성에서 시작한 나성의 길이는 총 6.3km에 이른답니다.

정림사지는 사비도성의 가장 중심부에 있었습니다.
지금은 절터와 5층 석탑만 남아 백제의 숨결을 전하고 있습니다.
정림사지 5층 석탑은 백제 석탑의 모범입니다.
황금 비율로 만들어져 어느 면에서 보아도 아름답습니다.
정림사지는 백제의 전형적인 절 배치 양식을 보여 줍니다.

외곽성을 갖춘 도성은 중국과 일본에도 있지만
나성은 동아시아 도성 유적 가운데
그 모습이 완벽하게 남아 있는 유일한 유적입니다.
판축법이라는 뛰어난 토목 기술로 견고하게 지었기 때문이지요.
부소산성에서 시작한 나성의 길이는 총 6.3km에 이른답니다.

정림사지는 사비도성의 가장 중심부에 있었습니다.
지금은 절터와 5층 석탑만 남아 백제의 숨결을 전하고 있습니다.
정림사지 5층 석탑은 백제 석탑의 모범입니다.
황금 비율로 만들어져 어느 면에서 보아도 아름답습니다.
정림사지는 백제의 전형적인 절 배치 양식을 보여 줍니다.

부처님을 모신 건물 하나마다 탑이 있는 1탑 1금당 양식입니다.
정림사지의 건물터에서는
터다짐에 기와를 넣는 와적기단법도 발견되었습니다.
백제가 절을 만들던 특별한 기술이 일본에서도 발견되는데
백제의 중심 사찰로서 두 나라의 교류를 보여 주는 증거입니다.

능산리고분군은 완전한 백제 무덤 형태를 보여 줍니다.
산봉우리가 무덤 뒤를 지켜 주고
무덤 앞에는 개울이 흐르는 좋은 곳에 위치하였어요.
사비 시대에는 도성 밖에 무덤을 만들었습니다.

돌방무덤을 사용하던 백제는 무령왕 때 받아들인
중국의 벽돌무덤 축조 양식을 활용하여 백제식 돌방무덤을 만들었어요.
백제의 무덤 양식은 일본에도 전해졌습니다.
안타깝게도 능산리고분군은 대부분 도굴되었지만
백제의 문화 교류를 보여 주는 증거이지요.

익산은 들판이 있어 사람들의 풍요로운 삶의 터전이었습니다.
백제 시대에 금마로 불렸던 익산은
가야나 호남으로 가는 길목으로서 아주 중요했지요.
백제 무왕은 금마에 왕이 머무는 별궁인 왕궁리유적을 만들고
사찰인 미륵사와 제석사도 만들었습니다.
수도는 아니지만 훌륭한 백제의 유산이 남아 있지요.

1976년부터 이루어진 고고학 조사로
왕궁리유적은 세상에 드러났습니다.
백제의 왕궁답게 가장 뛰어난 건축 기술을 보여 줍니다.
땅을 높이 터 다짐한 뒤 사방을 담장으로 둘러쌓았습니다.
관북리유적과 비슷한 2층 전각을 중심 건물로 지었습니다.

여기서도 '수부' 기와가 나와 왕궁과 관련이 있음을 알 수 있습니다.
왕궁리유적에서는 문터, 공방터, 부뚜막, 정원도 발견되었어요.
정원은 왕궁의 뒤쪽에 위치해 왕이 휴식하고 연회를 즐겼던 곳이에요.
정원을 장식하는 진귀한 모양의 돌의 배치가 돋보입니다.
이 정원 구조는 일본에게 전해졌습니다.

미륵사지는 허물어진 석탑이 있는 유적지입니다.
중앙에는 가장 규모가 큰 목탑이, 양쪽에는 석탑이 있었습니다.
미륵사지 석탑은 수천 개의 돌을 조립하여 아주 섬세합니다.
남아 있는 미륵사탑을 보면 나무로 지은 듯한 느낌이 듭니다.
백제의 목탑이 석탑으로 변화한 과정을 알 수 있습니다.

2009년에는 탑의 중심부에서 사리기가 발견되었습니다.
무왕 40년(639) 사택왕후가 만들었다는 기록으로
미륵사지가 지어진 연대를 알 수 있었습니다.
습지를 메꾸고 거대한 땅을 다져 만든 미륵사지는
백제 최대의 사찰로 뛰어난 건축 기술을 보여 줍니다.
미륵사는 신라와 일본의 사찰에 영향을 주었습니다.

백제역사유적지구는 중국, 일본 같은 주변 나라들과
활발하게 문화가 오갔던 교류의 중심이었습니다.
동아시아 고대 문화의 교류를 보여 주는 중요한 유적입니다.
660년 백제가 멸망한 후 제대로 보존되지 않아
남아 있는 유적과 유물이 많지 않습니다.
그렇지만 남은 유적과 유물은
백제 문화유산의 뛰어남을 잘 보여 주지요.
우리는 백제 문화의 가치를 널리 알리고 보호해야 할 것입니다.

자세히 읽어요
백제역사유적지구

지도로 살펴보는 백제역사유적지구

백제역사유적지구는 백제의 옛 모습을 대표하는 8곳의 유적지를 말합니다. 이 유적지들은 현재의 공주, 부여, 익산 세 곳의 지역에 흩어져 있습니다. 공주에 공산성과 송산리고분군, 부여에 관북리유적 및 부소산성, 정림사지, 능산리고분군, 나성 그리고 익산에 왕궁리유적과 미륵사지가 자리하고 있습니다.

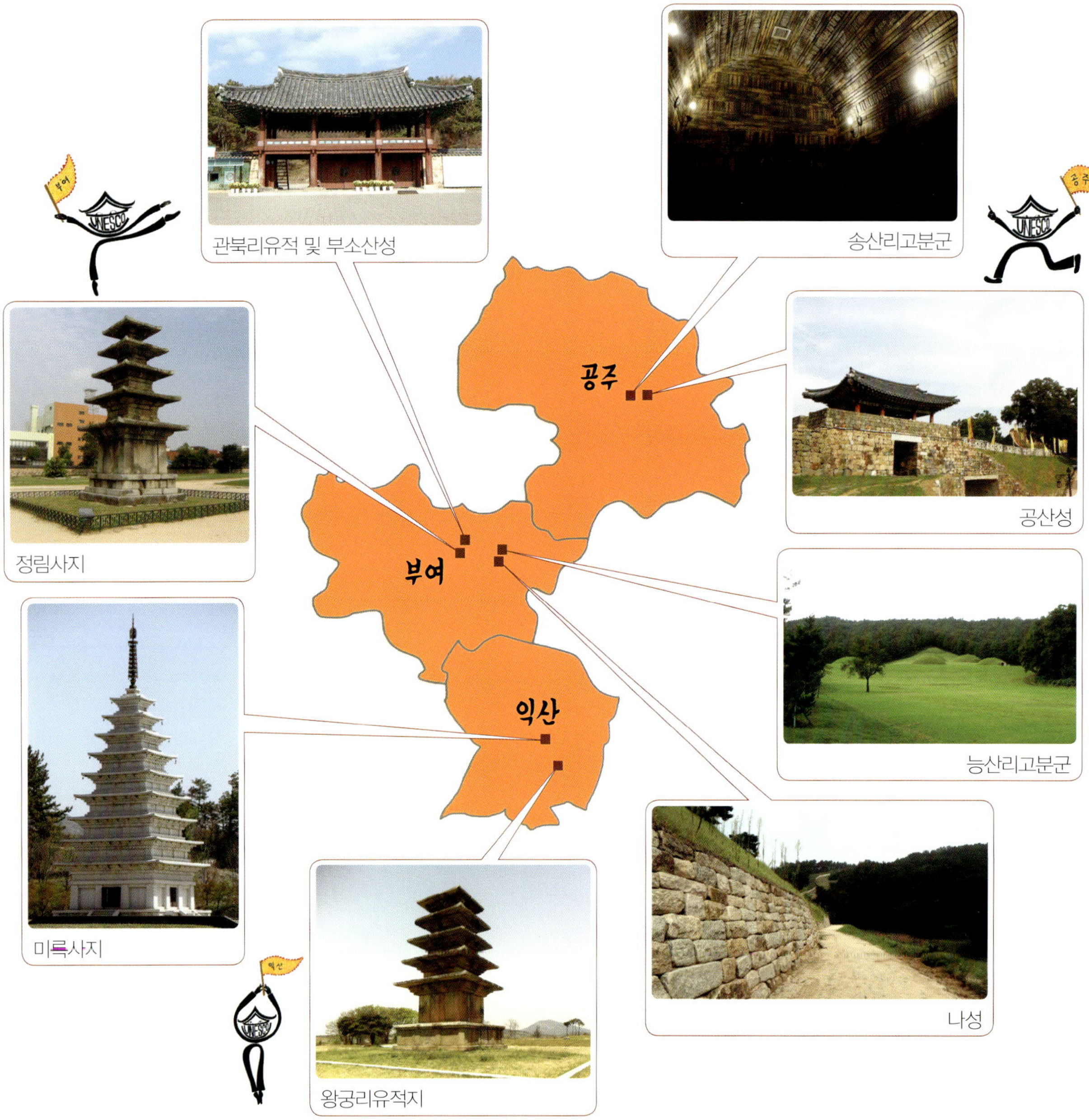

- 관북리유적 및 부소산성
- 송산리고분군
- 정림사지
- 공산성
- 미륵사지
- 능산리고분군
- 왕궁리유적지
- 나성

백제 사람들의 무덤

백제의 무덤은 교류의 흔적이자 백제 사람들의 지혜가 담겨 있는 창작품입니다. 시기에 따라 조금씩 변했지만 대개 지체가 높은 왕과 귀족들은 무덤을 돌로 만들었습니다. 한성시대 백제의 왕릉은 석촌동고분군입니다. 돌을 쌓아 네모난 형태의 큰 단을 만들고 그 위에 계단 형태로 돌을 쌓아 올린 모습입니다. 한성시대 말인 웅진시대가 되면 돌로 방을 만든 굴식돌방무덤으로 변화합니다. 굴식돌방무덤은 무덤의 입구가 있고 돌로 네 벽을 쌓아 돌방을 만든 무덤입니다. 웅진시대 왕릉인 송산리고분군에서 1호분부터 5호분까지가 굴식돌방무덤입니다.

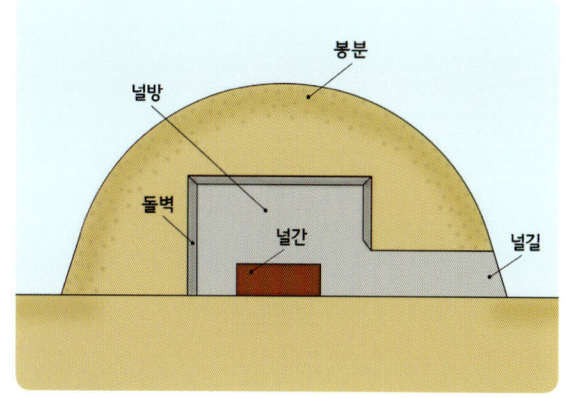

굴식돌방무덤 구조

이후 무령왕은 중국 양나라와 교류하면서 벽돌무덤을 받아들이게 됩니다. 그리고 사비로 수도를 옮긴 후 벽돌이 아니라 다시 돌을 이용해 무덤을 만듭니다. 넓적한 돌을 잘 쪼개어 정교하게 조립한 무덤방을 만들어 벽돌무덤보다 한 단계 발전하게 됩니다.

무령왕릉은 삼국시대 왕 가운데 유일하게 주인을 알 수 있는 무덤입니다. 어떻게 알 수 있었을까요? 바로 묘지석을 통해서입니다. 묘지석은 무덤 주인이 돌아가신 연도나 이름, 나이 등 살아 생전의 정보를 기록한 돌입니다. 무령왕릉의 묘지석은 1971년 무덤의 배수로 공사를 하던 중에 우연히 발견되었습니다. 무령왕릉에서 왕의 묘지석과 간지도, 왕의 매지권과 왕비의 묘지석 등이 발견되었습니다. 이를 통해 우리는 무덤의 주인공과 과거 백제의 장례 풍습 등을 알 수 있었습니다. 이 밖에도 중국의 문화를 수용한 돌짐승, 청동거울, 금귀걸이 등 빼어난 유물이 대거 출토되어 백제가 얼마나 문화적으로 앞선 나라였는지 보여 줍니다.

무령왕 묘지석

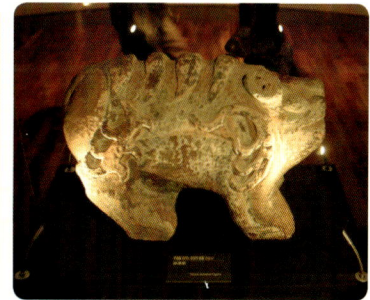
돌짐승

무령왕 신수문 청동거울

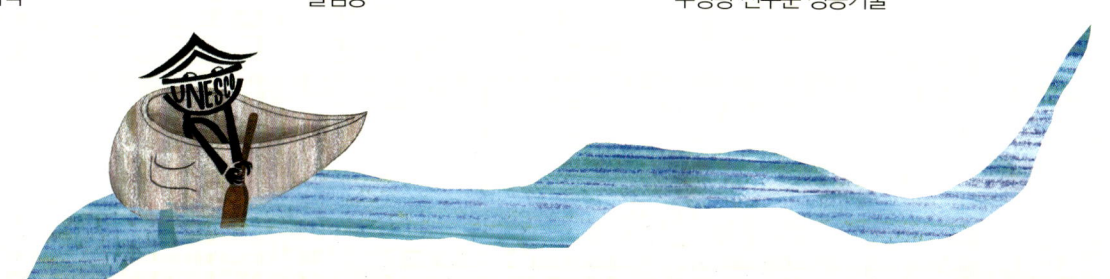

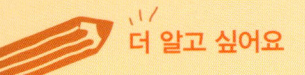
백제의 옛 모습 더 알아보기

하나의 탑과 하나의 금당, 1탑 1금당 양식

사찰에는 돌이나 나무로 만든 탑과 불상을 모시는 사찰의 중심 건물인 금당, 승려들이 머무는 방인 승방, 긴 복도를 뜻하는 회랑 등 여러 건물들이 있습니다. 사찰 안의 건물들은 모두 그 뜻에 따라 각각의 위치를 배치하곤 했는데 이러한 사찰 건물의 배치를 가람배치라고 합니다. 가람배치는 국가와 시대, 종파에 따라 다양한 배치 양식을 보입니다.

백제의 가람배치 양식은 하나의 금당 앞에 하나의 탑을 놓는 1탑 1금당 양식입니다. 부여 정림사지는 백제의 전형적인 절 배치 양식인 1탑 1금당 양식을 잘 보여줍니다. 1탑 1금당 가람배치는 시간이 흐르며 발전하게 됩니다. 익산 미륵사지는 3개의 탑과 3개의 금당이 자리하는 3탑 3금당 가람배치 양식을 띠고 있습니다. 3개의 독립적인 1탑 1금당의 구획 3개를 합쳐 하나의 가람을 이루는 것이지요.

정림사지

미륵사지

1탑 1금당 양식

3탑 3금당 양식

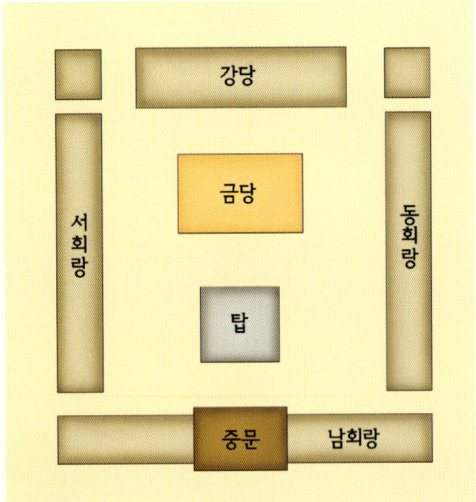

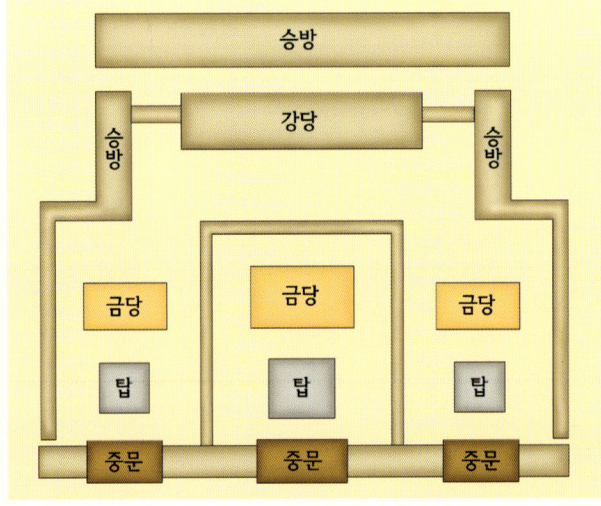

목간, 백제의 비밀을 풀다!

목간은 종이가 귀하던 시절 종이 대신 나무에 글을 쓴 것을 말합니다. 목간은 일상적으로 사용한 것이어서 관리들이 업무를 하며 남긴 기록, 글씨 연습, 물건의 꼬리표, 편지 등 내용이 다양합니다. 당시 사람들이 만든 살아 있는 역사 기록인 셈입니다. 목간을 통해 우리는 백제 사람들의 생활을 알 수 있습니다.

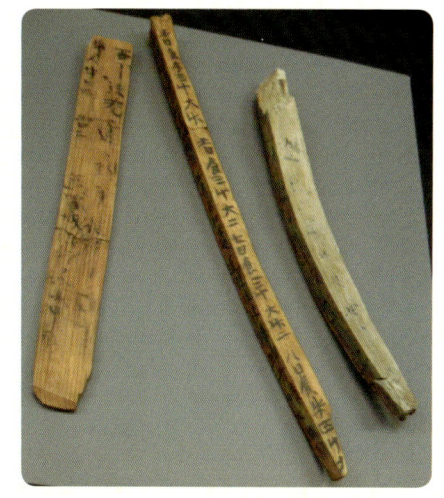

연습용 목간

사비 시대의 왕궁터인 관북리, 쌍북리, 나성 밖의 능산리에서도 많은 목간이 발견되었습니다. 목간으로 확인된 것 중에서 사비 시대의 행정 구역과 관청 이름도 적혀 있었습니다. 사비 시대 왕인 성왕은 사비를 5개의 행정 구역으로 정비하고 22개 관청을 만들었는데요, 행정구역인 '상부', 22부 중 하나인 '외량부'가 적힌 목간이 발견되어 중요한 역사기록이 되었습니다.

목간 중에서 구구단을 적은 목간도 발견되었습니다. 반이 잘린 형태였지만 오늘날 우리가 사용하는 구구단이 적혀 있었습니다. 또 왕릉의 제사를 담당하기 위해 만든 능사에서 발견된 목간에는 스님이 적은 시도 있었습니다. 오늘날까지 이어진 발굴조사로 많은 목간이 발견되고 있습니다. 목간은 아직 밝혀지지 않은 백제의 역사를 풀 실마리입니다.

백제의 토목기술 알기 : 판축기법

백제 사람들은 뛰어난 토목 기술을 가졌습니다. 그중 판축법은 흙을 다져 성벽을 만들 때 사용했던 기술입니다. 진흙과 모래를 번갈아가며 다지기를 반복하는 기법입니다. 먼저, 땅을 파서 터를 다지고 진흙을 넣은 뒤 여러 사람이 올라가 밟고 다집니다. 이후에 진흙에서 물기가 빠져 단단해지면 모래를 넣고 다지기를 반복합니다. 다지기를 반복한 땅은 시루떡처럼 진흙층과 모래층이 켜켜이 쌓인 모습을 하게 됩니다. 이렇게 판축법으로 켜켜이 쌓인 성벽은 다른 흙 성벽들과는 달리 무척 단단해서 쉽게 무너지지 않고 그 단단함이 천년의 세월도 견디게 합니다.

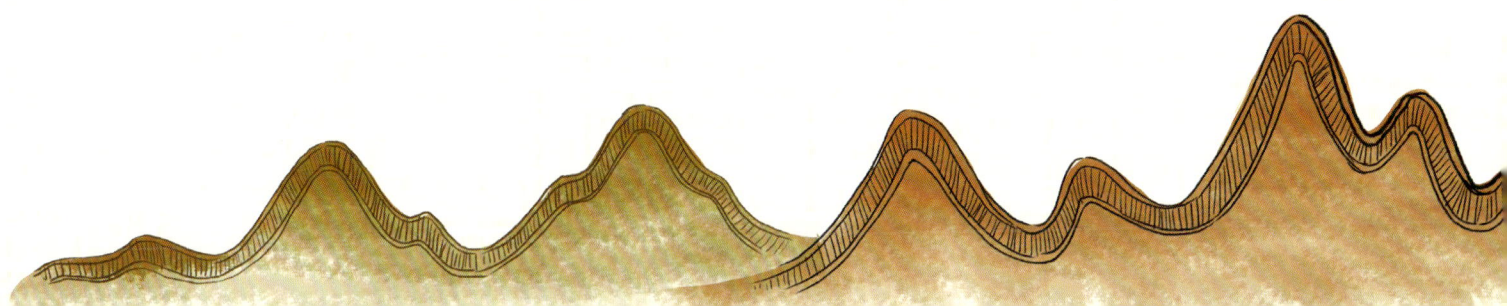